mekapina-so-mecupina

© 2017 Turtiainen, Rami
Kustantaja: BoD – Books on Demand, Helsinki, Suomi
Valmistaja: BoD – Books on Demand, Norderstedt, Saksa
ISBN: 978-951-568-912-2

Henkilögalleria, tai jokin fragmentti:

F__________ N_________   M_______ T_________
J____ H_____¨ __   B________ R______
              R___ T__________   A_________
L_____ W___________   J___ S_____
J_S_ B___   B___ B_____
V______ K_______   V_____ K________
              D________ I_   D________
A_______   D_____ T___
              R___ W_____   I___ A_____
P___ d_ L____   I___ G______
V___ S____   W_____ J_______
              A__ S______   H_____ T_________
C___ M______ B______   J______ T______
P_____
              S_____ N________
T___ H____   J___ S________   P____ P______ V_____ P______
H______ H____   M___ L________
G____ S_______   G____ O____

K____ H________   V___-M____ L____
              I_____ B______

  M__ P_______

                                S_______ V___

ME!

Pinoan laatikoita,
laatikoita täynnä tyhjänpäiväisyyksiä
eikä pinoa saa hajoamaan
ei, vaikka satunnaisotannalla vetäisi pois niistä minkä tahansa,
sillä halvoista lupauksista, Hengen prostituutiosta,
tai näivettyneestä konsensushakuisesta nuoruuskokemusten muistelusta
syntyy tuskin mitään
minkä poistaminen tautologialta haisevista illanvietoista
järkyttäisi,

vaurioittaisi
sisällöllisesti tyhjän rakennelman perustuksia.

Eikä moisen ladelman työntäminen verkkokellarin pimeimpään nurkkaan
ja sieltä pesänjakajien myötä jätelavalle aiheuttaisi kaipuuta
muutamaa omahyväistä marttyyrinkyyneltä enempää,
jotka hunajamarinoituina suolaisina pisaroina vuodatetaan
itseaiheutettujen hiertymien lomitse
ainoastaan muodollisen rakenteen takia

muodon, joka ansaitsee
lähinnä perinteen vuoksi
muistolaatalleen juhlapäivinä viedyn hautakynttilän.

Sanot minua kyynikoksi, mutta
veden pinnasta heijastuva havupuiden impressionistinen siluetti todistaa toisin.

Alakerrassa,
		kun sieraimistani juoksee merivesi			ja			ihoni
huokoset sylkevät kuonaa
			ja kun kaikki tapahtuu
hoidoista huolimatta
		tai niiden vuoksi,

käy joskus siten, että lännen ja pohjoisen välissä vuoksi kohtaa luoteen.
Minä
		pyrin ylös
luoteeseen,
mutten siksi, että tahtoisin korkeammalle, vaan voidakseni hengittää,
täyttää keuhkoni edes silloin, kun kuun vetovoimasta hämmentyneet
Dionysos ja Apollon vetäytyvät yllättäen murtoveteen rakastelemaan.
Teko on yhtä lattea kuin ylikansallisen kahvilaketjun keskiarvo-ostos,
tai se ikkunalaudalla pölyttyvä keraaminen matkamuisto josta lohkesi pala
jo kotimatkalla ja jonka kyyneleet silmissäsi korjasit huolimattomasti pikaliimalla.

Mutta tylsistyminen arjessa tulee ymmärtää vapaudeksi,
vapaus onnellisuudeksi,		onnellisuus joksikin irralliseksi kaikista niistä rakenteista

joihin teologit,
filosofit ja sileähuuliset hyvinvointiblogistit yrittävät sitä vuorollaan pakottaa.

		Huoneentaulu: ”Vain tylsistynyt voi hengittää,
		sillä arki on onnellisuuspuheen antihistamiini.”

Systolinen painajainen,
verenpunainen yö, lakanat
jotka pikkutuntien aikana pestään hikikarpaloilla ja joiden lomitse isketään suonta
eikä pelko taitu, vaikka mittarit todistaisivat toisin.

Sinä kasvoit sisälläni. Viestit ajoittain tulostasi kohteliain, vetäytyvin elein.
Uskoin, kielsin, uskottelin, arvailin.
En tiennyt, kuulostelin, tiesin ja vastustelin.
Hyväksymättömyyden voi ymmärtää muttei hyväksyä.
Näin sanovat erisyisherkät kokemusasiantuntijat,
sillä palstan pituus ei ole ongelma nykyviestimissä
eikä kaupunkiviljelijöiden puistoplantaaseilla.
Ja minä söin.
Söin koko läntisen Euroopan orgaanisen julistuksen, ultrajuoksin höyhenenkevyenä
poikki kansallispuistojen ja meditoin itselleni antiprofaanin rauhan,
kun samaan aikaan vierustoverini kumosi sisäänsä kestikievarin toisensa jälkeen.

Nyt me makaamme,
hän rakastelun jälkeisessä raukeuden hybriksessä
onnellisten lintujen untuvista tehdyn peitteen alla,
minä hengityskoneessa puhekyvyttömänä.

Sinä kasvoit sisälläni. Etkä enää aikoihin viestinyt kohteliaasti.
Vesikidutuksesi, sähköshokkisi ja muut pikkunäppäryytesi olivat pientä sen rinnalla,
kun lopulta lopetit viestimisesti kokonaan.
Tiesit tarkalleen sen helpotukseksi kuvittelemani narun, josta vetää
ja solmit sen toiseen päähän lompakon.
Sitten kävit metsän reunaan odottamaan saapumistani.

Löysin kadoksissa olleet avaimeni, joita en tiennyt kadottaneeni.
Helpotuksen lämmin aalto saa jalkani vavahtelemaan.
Miksi tällaisten hetkien taltioiminen ei käy laatuun
kaiken kateissa olevan aiheuttama paniikki sen sijaan olevan vallitsevaa

ja ikuista?

Sillä tapahtuuhan näitä,
kadotettujen löytymisiä
aina silloin tällöin.

Karkeasti rasteroitunut kuva maitopurkin kyljessä voi todentotta raottaa hetkeksi verhoa,
jonka taakse totuus on nuoruuden ahdistuksessaan paennut.

Eikö juuri sen tajuaminen, että tietämättäsi kadoksissa ollut voi löytyä sattumalta
ole allegoria lohdulle?
Lohdulle, joka vielä järven koskematonta talvista pintaa johdattaa
salaperäistä analogista reittiään pienen jäätyneen mutta suojaisan saaren reunaan
jossa Armo asuu
ja on valmis kainosti nostamaan pienen arkun kantta sille, joka ymmärtää olla hiljaa.
Pakkanen jylisee etäisissä puunrungoissa,
kansi avataan ja arkun sisältä nousee Vapahduksen höyrystyvä ja raskas Hengitys.

Ilta alkaa pimetä ja on aika lähteä samaa reittiä takaisin.
Jottei katoaisi,
kadottaisi samalla juuri näkemäänsä.

Itseään....

Béla Bartók kertoo minulle,
puhuu,
sanoo ensimmäisten jousikvartettojensa ensimmäisten tahtien raastavalla tyyneydellä
peilityynen järven yllä
auringon viimesäteiden heijastaessa yltäkylläisessä omahyväisyydessään kultaa ja verta
pintansa, horisonttinsa ja vastapäisen rannan havumetsän kautta.

Kertoo tutuksi käynyttä itseään toistavaa tarinaansa, johon hymistelemme
toivomme jo ajat sitten menettäneinä
lakonisella, teeskennellyllä mukamyötäelämisellä.

Kun vanhusten etanolin värjäämä henki *a priori*
tuo eteemme
jälleen kerran kaiken ennalta-arvattavan.
Ja kun saman totuuskomission kuultaviksi itse langenneina,
jälleen kerran kaiken ennalta-arvattavan toteuttaneina,
itsensä kaikista tuoreimmistakin varoitusmerkeistä piittaamattomina
ja välittäjäaineiden pimeälle ylivoimalle langeten,
pyrimme sittenkin irti.

Sillä kuoleman kätteleminen Liberacen kliseiden kautta on sellainen banaliteetti,
jossa ei ole mitään tavanomaista.
Ainoastaan valtava, ammottava.
Tyhjyys.
Jonka.
Ainostaan Bartók.
Voi peittää, kun antaudumme lähilukemaan.
Tai välttäessämme kaikkea lukemista.

F. Zapalle absurdismi oli realismia.
Minulla Kyon on tatuoituna verenkiertooni, neurologiseen neuroottiseen järjestelmään,
joka kumartaa satiirille, mutta antaa sanaleikkien tulla tykö.

Sosiaalinen introverttius,
humanistinen hedonismi,
toiset huomioon ottava individualismi,
niistä on pienet oletetut sukupuolet tehty,
jotka tässä kuplattomassa kuplamuovissa kanssaheimolaisikseni ilmoittautuvat.

Eikä jäsenkortteja kysellä, sillä ilta on vielä ikärasismin ulkopuolella.

Tapan ja lasken käsistäni
aikaa, känsiä, hämähäkkejä.

Tuhoamisen ja säilyttämisen dualistinen järjestelmä,
tekoälylle tavoittamaton heikkojen signaalien vuo,
sekö tekee subjektista ihmisen?

Rakkauden ja empatian, vihan ja katkeruuden, kollektiivisen vuorovaikutuksen ja eskapismin
dogmit,
pakan kaikki kortit altistettuina jännitteiselle voimalle,
jousipaineelle,
joka lupaa kielten vapaan soinnin, äänten hienovireen, aaltojen värähtelyn

toistemme läpi

hetkissä,

jotka asettuvat hallitsemattomaan kronologiaan,
eikä vaihtoehtoja ole kaupan.

Lasken käsistäni,
eikä loppusumma täsmää sillä näköni hämärtyy jo.

Unessa kuolleen hämähäkin aave kantaa pienessä korissa omaatuntoani.
Paco de Lucía soittaa Bachin invention.

Nousee paine, laskee paine,
vaihtuvat vuodet ja minä varastan,
varastan lauluista, runoista, yöunista,
varastan ja pelkään,
pelkään pelkoani, sen menettämistä ja ajattelun halvaantumista, pelkään pimeyttä
yöttömässä yössä,
aika ja avaruus kaareutuvat, minä varastan ja löydän taskunpohjalta
epäonnistumista ja hiekkaa,
vastaanotolla paine kasvaa ja kaikki alkuperäinen tulkitaan sen perusteella virheellisesti
peloksi,
joksi pelkäsin sen tulkittavan,
armas aika ei tunnusta varkauksiani, ei välitä paineenvaihteluista, eikä sitä kiinnosta pelko tai
unettomuus,
se joutuu,
minä joudun
omahyväisyyteni nelikentän janojen, sanojen vangiksi.

Virtsani tuoksuu tutulta ruualta, jonka nimeä en saa mieleeni.
Aamulla edestä löytämäni paluu arkeen taittuu taakse,
eikä huonosta tietokilpailumenestyksestäni huolimatta avuksi tarvita
Maxi Niemen kirjoittamia väärinymmärrettyjä tekstejä Dr. Goodmanille.
Horsmat kukkivat vielä ja minä kuuntelen ilmastointilaitteen vaaleanpunaista kohinaa
puolivaloilla ajavan toimiston hiljaisuudessa.

Päihtymys on tila, joka normiksi muuttuessaan menettää alkuperäisen merkityksensä.
Kun harrastuksesta tulee ammatti, tarvitaan budjetti ja hankesuunnitelma.
Työstä ei tarvitse pitää, pääasia
että hoitaa roolinsa vastuullisesti
ja esimies vaatimuksineen ryhdistäytyy,
sillä kun kisällivaiheesta siirrytään mestariksi,
on horjuvien askelmerkkien oltava kristallinkirkkaina merkittyinä aarrekartalle
ja Gantt-kaavioihin.
Janat voivat elää, eikä show-stoppereita ole näkyvissä.

Ja kun kustannusarvio ylittyy,
on pitkäripainen piikki auki, kun rokotteiden vastustajat
juovat hopeavettään.
Kanavaa ei voi vaihtaa, mutta sinne voi hukkua.

Kiinnitän poikani piirustuksen jääkaapin oveen.
Kiinnitän epäkäytännöllisellä paistinpannun muotoisella magneetilla, joka irtoaa,
kun vieno kevättuuli kuroutuu paperin liepeeseen.

Jokin tässä kuvassa saa minut aina itkemään.
Mikä?
Samankaltaisia vedoksia luonnostelevat tuhannet kaltaisensa,
enkä reagoi toisiin representaatioihinsa.
Paperin rypistynyt reunus, hetki kun kuva annettiin, aiempi aamuinen ikävä, kertomus
puukynän leikistä pinnalla. Jokin on taltioinut monisteen kääntöpuolelle koko historian,
elämänkaaren ja kaiken sen transsendenssin, jota toiset nimittävät
sieluksi.

Onko taiteilijuus tätä?

Ei romantiikan myytin mukaista
falskiksi taipuvaa taidetta taiteen vuoksi -megalomaniaa,
ei pyyteetöntä rakkauden kokemusta oman lapsen käsien jäljen alttarilla,
ei originellia, tahi banaalia, ei järkiperäisesti selitettävää, ei psykologiaa pakenevaa,
ei sitä syleilevää.
Kiinnitän piirustusta, katselen sen lepattavaa reunaa ja tajuan
ettei analyyttinen pragmaatikko minussa saavuta koskaan samanlaista
toismaailmallisuuden tasoa.

Ja vaikken uskokaan pelkän heittäytymisen,
vailla sivistyksen tukipilarillista reunamerkintää,
voivan tuottaa jotain kokonaista
ja merkitsevää,
kadehdin niitä jotka voivat vapaina itsesäätelystä kurkistaa avaamattomien ovien taakse.

Jotta en taittaisi hiirenkorvalle.
Sitä kohtaa, jossa
puhut kuolleesta lapsestasi.

Vihdoin ymmärrän miten
johdattelet minua vastavärien avulla,

puhut kuninkaallisista, pelikorteista ja verestä.

Polku avautuu haaroistaan huolimatta helppokulkuisemmaksi,

samalla suru
kasvaa.

Ja oma lapseni,
portin pielessä.

Mikset jo tule? Etkö välitä?

Välitänhän minä, enemmän kuin mistään.

Aristippos ei tappanut, mutta oli vähällä hukkua ämpäriin.
Siihen samaan saaviin, johon kuninkaansa hedonistisen sydämensä upotti.
Sinne pyrit sinäkin, vaikka vuosia kehtasit esitellä toisenlaisia todisteita, niitä,
joihin välinpitämättöminä hetkinäsi toisinaan edelleen vetoat.
Toisaalla jakoavaimesi on nostettu naulaan,
rukkasesi jo ajat sitten pudonneet lattialle,
etkä huomaa kuinka taustalla testamenttiasi kirjoitetaan uudelleen.
Niiden toimesta, jotka
hyvällä, pahalla ja rumalla yrittivät,
yrittivät, yrittivät,
kirjoittaa toisenlaista todellisuutta, jossa perintö
ei merkitse
vaurautta, vaan henkistä
pääomaa.
Pään omaa.

Luen lukematonta runoutta.
Lukemattomuudelleni lukemattomia syitä. Enimmäkseen teko.
Vahingossa tahallisesti varastoitu ei haise,
eikä tekstissä vallitse ummehtuneisuuden paino.
Silti sinne tänne sinkoileva aforistiikka
proosan ja sanaleikien välilihassa
on pinnoitettu teflonilla, johon ideat eivät tartu.

Kenties kivut estävät kiinnittymiseni tarjotun tekstin virtaan. Tai kodeiini.
Palkintoja sanoille, lauseille on jaettu.
Tekevätkö kaadetun pedon täytetyt päät takkahuoneen seinustalla
asiasta yhtään oikeutetumpaa?

Ilmiö on sama kuin *koska*-etumerkitsevä tapa lyhentää lause
ilmaisemaan punchline
yhdellä
jälkeissanalla.
Kekseliästä ja ärsyttävää, lopulta
tautologista.

Kodeiini katoaa, kivut palaavat, luku vaihtuu uuteen,
leikittely muodoilla saa hiljalleen siivet.
Rosoista syntyy pienin askelmin portaat
joita nousta. Koska runous.

Saatan poikaa noutopaikalle.
Kuljettaja on myöhässä.
Aurinko paistaa, vaikka toisinkin voisi olla,
sillä viimeaikojen tuulet eivät ole suoneet myötämielisyyttään.

Suurvaltojen autoritäärisyyttä syleilevä eliitti
on saanut merivirtojen kiertoliikkeet häiriintymään
ja kärsimätön poika
odottaa.

Minun pitäisi olla ohjastajan paikalla,
mutta olen seivästetty.
Kaikki tehtiin sovitusti, sanotaan. Mistä syytökset? Epäily?
Myönnän ottavani nyt aikaa itselleni, sillä aika käy
alati epävarmemmaksi.

Merivirtojen liikeitä on häiritty, eikä kukaan tiedä.
Huomisesta.

Kuljettaja saapuu. Poika nousee kyytiin,
hymyilee. Mikä helpotus,
lipeässä uitettu sydämeni osaa yhä nauraa.
Ja mikäli tämä kuva
jää epitafiksemme, anna itselleni luvan mennä.

Merivirtoja emme voi hallita,
omasta mikrokosmoksestamme tehdä esimerkin.

Kehoni
Diureetit
imeneet
Tahtoni
Haluni
tahtomattani
Nestettä

vallanneet
Mieleni
kuiviin
tuhonneet
imeneet
haluamaan
kiellettyä.

Luen kokoelmaa tunnetuista filosofeista.
Luen.
Sillä olen valinnut tieni.
Henkisen.
Vetelehtimisen.
Tosinaan on kuitenkin perusteltua antautua aukipureksittujen tulkintojen,
popularisoitujen selitysmallien vietäväksi.
Tueksi, opiksi, matkaevääksi,
uintiretkelle tekstin ennakoimattomaan virtaan.
Ja toisaalta.
Muistutukseksi.
Käskyksi ja Herätteeksi. Tehdä.
Paluu.
Alkuperäiseen.
Ojentaa käsivartensa pelosta turtana kohti tiililadelmaa,
tuntea olkavarressaan tiedon läpitunkematon paino.
Hyväksyä. Ottaa vastaan.
Antautua.
Pakata penaaliin vastateroitetut puolikovat lyijykynät, harppi ja kolmioviivain ja astua sisään
koulun raskaista valtavista ovista.

Käyttäydyn moukkamaisesti
ikään (kuin),
sukupuoleen,
ihonväriin,
seksuaaliseen, poliittiseen, tai uskonnolliseen suuntautumiseen katsomatta.

Misantropiani rakastaa teitä kaikkia tasapuolisesti.

Tulevaisuuksien olettamaton historia tuomitsee valintani ego- tai ekotekona.

Hei! Soita jo niitä kellojasi, Mr. Bellman, man, män, mies!
Minä olen vajoamassa syllogismien suon silmäkkeeseen, enkä pääse enää irti,
herätä minut,
laita laukkuni naulaan ja lyö löylyä niin, että hikoilen pois kaikki premissit ja kausaalisuhteet.
Russelin terrieri räksyttää portilla matemaattisia prinsiippejään, sfäärien musiikki värähtelee
lähestyvän myrskyn silmästä ja minä haluan pois saunan takaa, pistoolien piippujen äärestä,
ylimmälle lauteelle lämmittelemään.
Yleisestä yksityiseen johdettu yhden totuuden ismi johdattaa ajoneuvot väkijoukkoon,
soihdut sankarihaudoille ja lähisukulaiset vankileirien saaristoon.
Minä tyhjennän mieleni,
kuvitan opaskarttani,
asetan polulleni jyvät lastenlaulujen, kiuashöyryjen ja dekonstruktion voimin.

Taas se alkaa. Hanhet lähtevät. Jokailtainen kaakatus.
Kymmenien siipien geometrinen profiili lähestyvän yön hiljalleen tummuvaa kuulasta taivasta
vasten.

Juoksen, Juoksen, Juoksen.

Toistuu, Toistuu, Toistuu,

ilta illan jälkeen,
synkronoitu tapahtuma.
Tarkastetaan kellot, sijainti ja mieliala.

Konstruktivistisen pyhyyden näytelmä,
päivätviikotvuodet,
yhteen sulautuvaa kudelmaa.

Henkeni voisi
salpautua,
sydämeni kieltäytyä metronomin asettamasta reitistä.

Mutta niin ei tapahdu.

Hanhet menevät,
tuovat poistuessaan lähestyvän lokakuun kuuran kirkastamat aamut.

KAPINA.

Onko tekoraajoja?
Ei enää, sillä vajosin juuri valtavaan hiilinieluun, jonka sinä vetäytymiselläsi tarjosit.
Okranloimuiset kasvosi, keinopellavahiuksesi ja se, että kaikki on suurta, parasta
ja etusijalla.
Maailma ympärilläsi selittää, tulkitsee ja arvailee, mutta todellisuudessa
kukaan tiedä
mitä seuraavaksi.
Et sinäkään, sillä totuutesi ontologia on ontto
ja vailla logiikkaa.
Marssivista vasaroista ennen laulujaan laulanut käy nyt ohjelmalliseen hyökkäykseen
sinua vastaan.
Sinua vastaan nyt, kun kukaan muu ei enää pysty,
sillä raajat on rikottu, eikä takoja saa tekoja tekemättömiksi.

Kipu kulkee nivustaipeesta kohti isovarpaan kärkeä.
Televisiossa rokokookankaisiin verhottu mies itserakkaine nokkeluuksineen katoaa.
Liput on laskettu puolitankoon ja kansakunta rakastelee itseään
kollektiivisen surun taskulämpimässä kylpyvedessä.
Hävitty jääkiekko-ottelu.
Tämäkö ritualistinen näytelmä on se
muutaman päivän mittaan kestäväksi tarkoitettu liima, joka puhkaisee kuplat?
Jotta ne voivat taas hetken odottelun jälkeen kasvaa
entistä kimaltavampina, saippuaisempina, kestävämpinä.
Kimaltaa, kuin Harsoinen Teräs,
kätkeäkseen sisäpinnalleen yhä kirkkaamman sateenkaaren kaikki sävyt.

Tai työntääkseen ne lopullisesti ulkopuolelleen?

Kipu kulkee kohti isovarpaan kärkeä ja muuttuu puutumukseksi. Ja minä:

en välitä jääkiekosta.

Edellisellä vuosituhannella,
neonkeltaisella 80-luvulla,
lapset kasvatettiin osaksi kollektiivista alitajuntaa
neljästä viljalajista mikroaaltosäteilytetyn puuron
ja aloittelevien mainosrahoitteisten tv-kanavien voimin.
Nyt on puolueita, jotka kutsuvat aikaa yhtenäiskulttuuriksi.
Haikailevat sen ja aiempien myöhäisten aikojen
norttiaskien kansiin piirrettyjen rintamamiestalojen talkoorakennustöiden perään.
Katselevat harhaa, jossa kuviteltu epäitsekkyys oli normi,
naapurikateus luultua kansakuntaa yhdessä pitävä liima;
puuro, joka kokkareisena ja kylmänä takertui kitalakeen
kun räntäsateessa juostiin aamun ensimmäiselle matematiikan tunnille
ja räkä valui kylmettyneitä poskipäitä pitkin.
Jälkimmäisessä ovat tietysti oikeassa!
Sillä mikä muuten selittäisi sen
vierasta, uutta ja tuntematonta kohtaan tunnetun vastenmielisyyden,
joka saa kaikki käytöstavat unohtaneen puheoikeuden raiskaamat liput liehumaan,
piikkilangoista juovuksissa kyhätyt orjantappurakruunut liekehtimään?

Plutoniumin ja fosforin lailla pimeydessä hohkaaviin lasketteluasuihin puettujen
veteraanien joukko on se, jolta ei kysytä

sillä mielipiteet kirjoitetaan heidän verellään väärennetyn prokuran turvin,

ei kysytä, sillä vaarana on, että vastauksena saataisiin niin suuri varioivuuden kirjo,
että se värikylläisyydellään syrjäyttäisi kaiken sateenkaaria kohtaan tunnetun inhon.

Oli aikoja, jolloin sativan sakarat spreijattiin yhteisesti omistettujen julkisten betonien pinnoille, allekirjoitettiin kaiverrus taiteilijan reviirimerkein.
On aikoja, jolloin näppäimistöltä leimataan monikansallisen pörssiyrityksen yksityiseksi kuvitellulle julkiselle seinälle risuaita ja lyödään perään banaliteetti.

Hash
Tag

ehkäparastaikiniätöissäduunissa

Totuuden jälkeisen ajan lisätty todellisuus, applikaatio,
jonka implikaatiota tai Ideaa ei palvelutalon Platon enää tavoita.

Virtual.
Reality. Show.
Katatoninen performanssi;
viriilit viraalit naivat hikeä tihkuvien lamppujen loistaessa
piilotettujen kameroiden nuollessa kylmästi keinuvien peittojen pintaa, lopuksi:

yksi tatuoitu,
yksi implantoitu
äänestetään ulos.

Ja kun faktojen kadotessa asioiden kokemisesta tulee tosiolevaista,
kun tieteestä tehdään salaliitto, muukalaisesta murhaaja ja väärän tiedon lähettiläästä
kanonisoitu marttyyri,

japanilaiset piirroshahmot itkevät,
luimistavat satuhahmon korvansa, painavat päänsä käpäliin,

ja itkevät,

itkevät kyyneleitä todempia

kuin me

enää vuosiin.

Ihmettelit myrskyn ikkunoihin liimaamia heteitä,
ainoat merkinnät käynnistään tässä osoitteessa.
Vastapäinen talo peitti näkyvyyden.
Takana koko tuhoutunut kylä. Hengissä.

Toisessa kaupungissa, ei niin kaukana täältä,
herätään suruun.

Sumean logiikan pimeät voimat kylvivät vihaa agoralla,
riistivät rakkauden sitä eniten tarvitsevilta,
haavoittivat hätään juosseita,

tulivat,

käytyään edellisenä päivänä kylvämässä väkivaltaa toisessa maassa, toisessa kaupungissa,
tutussa,
paikassa, jonka maata mekin kerran kosketimme kankaisine kenkinemme.

Mutta jokainen on oman kosmoksensa uhri,

myös se,
joka päättömien ratsumiesten vankkureita ajaa.

Yritän rakentaa aamua ahdistuksen tummalla musteella lohdun vaalealle pinnalle mutta
kaikki on merkityksetöntä,

toisten tuskasta ryöstetyt sanat valuvat itserakkauden synkeään lauhdeveteen.

Risan kitaran kitarisat huutavat, huutavat, kun jugend taittuu elementtiin,
huutavat,
ja matka uraputkesta juomaputkeen on pinnoitettu deterministisin aikein.

Eikä   r e s o n o i n t i a   pääse pakoon.

Risan kitaran kitarisat huutavat ja poliittisesti epäkorrektin mustalaisen
(sillä, näinhän niitä on ennenkin nimite(l)t(t)y)
raspinen laulu julistaa elinkeinon kauneutta, kerjäämisen kohottavaa voimaa.

Putkensa modifioinut eläkeläinen, (entinen toimitusjohtaja muuten) juo puolisoltaan salassa
aamunsa ensimmäisen konjakin.
Ilmoittaa aamukävelystään, poistuu asunnostaan.
Ja ohittaa.

Raspiintunut kitara, risa mustalainen ja kyltti.
Pahvinen kuppi, kulunut takki.

Ohittaa.

Konjakintuoksuista halveksuntaa hengessään avaa suositun jazz-ravintolan oven.
Sillä aukeaahan tuo. Ennen puoltapäivää.
Verollepantuna kannan kultarahani ovimiehelle. Tekeehän hän oikeaa työtä.
Ei ole elätti. Ei pelätti. Ei kelaa Kelaa.

Kuluu kaksi vuotta.
Elementti taittuu asfalttiin, tammitynnyreiden vuosikymmenten eleganssi Gambinaan.
Tarttuu risaan kitaraan, asettaa pahvisen kuppinsa kylttinsä eteen.

Mustalainen murtaa leivän ja ojentaa omastaan.

Ennen kaikki oli paremmin.
Oli paremmin, vaikka monialainen tiede
vuosikymmenten vertaisarvioituine dokumentteineen todisti toisin.
Ennen ei tarvittu kylttejä varoittamaan impivaarasta,
oli hiihtoladut, kahdenkymmenen kilometrin koulumatkat, haulikkohäät
ja samalta eltaantuneelta hengeltä haisevat sisupastillit.
Oli isättömät lapset, hellahuoneet ja sotatraumat.
Oli kulkutaudit ja kollektiivisen mielipiteen viestimet.
Ennen kaikki oli paremmin.

Kansa raivostui,

...minä en.

Päämies tolkuttaa.
Sinä sanot, että hiljaisuuskin on kannanotto, puolet on tehty valittaviksi.
Puolet ei halua valita.
Puolet valittaa.

Vanhoilla rautatieläisten aukioilla pystytetään ja puretaan leirejä.
Toisista huutaa pelko. Toisista huudetaan pelkoa.
Pelolla hallitaan pelkoa,
toisten.
Ja omaa.

Digitaalinen likasanko sylkee kirjavaa oksennustaan ja tarttuu pintoihin,
jotka samanmielisten verellä
valmiiksi värjättyinä
ruokkivat itse itseään.

Ulospääsyä ei ole, sillä jokaisen teatterilaisen esittämä itsereflektsiivinen argumentti
on hyökkäys
vaivalla rakennettua suojamuuria vastaan,
johon materiaalin on toimittanut kotimainen puu- ja betoniteollisuus.

Sananvapaus muutettiin käsitepeliksi,
jossa häviäjänä on vain käsite itse.
Sekä lukematon joukko niitä hiljaisia, joiden vuoksi poteroita kaivetaan.

Jokainen julkinen kurkotus itsensä ulkopuolelle päättyy sotilaallisen median hyökkäykseen
oikea-, vasen- ja väärämielisten divisioonien voimin.
Ja kurkona tunkiolla juhlii yksinäisessä hiljaisuudessaan se,
josta entisten nuorten sävellahjatoiveissaan vaurastuneet
lauloivat liekkien loimutessa leirinuorioilla vuosikymmeniä sitten:
"Please, let me introduce myself."

Edesmennyt kehäottelija ei armahtanut,
ei armahtanut, vaikka jumalat armahtivat.
Ei armahtanut itseään. Ei opportunismiaan. Ei poliittista vakaumustaan,
jos kohta sellaista omasikaan.

Oli kuitenkin apokalyptinen viite siitä, joka vuosia myöhemmin
oli vyöryttää alleen vuosikymmenten eurooppalaisen arvokehityksen.

Mutta.

Kuten narsismin sotureille yleensä käy, kimposivat aatteen ammutut luodit
exit-kylttien peltisistä pinnoista.

Takaisin.

Ja vaikka hedonisti oli vaarassa muuttua marttyyriksi,
vaikka valeuutiset ja mielipidemanipulaattorit näyttivät saaneen maan palamaan,

saivat maan hiljaiset äänen,
                Maan palaamaan.

Kertoivat haluavansa tehdä teksteistäni teatteria. Naurettava ajatus!
Ne samat, jotka eivät osanneet päättää,
onko juhlarahassa yksi, kaksi, vai kolme puolta:
Punainen.
Valkoinen.
Harmaa.

Huuto oli ahdistavampi
kuin purkutuomion saaneen synnytyssairaalan vastasyntyneillä tuberkuloosipotilailla.

Herraviha on viisauden alku ja kun narrin lihaa on käristetty riittävästi,
kääntyy hän lomarahattomuudessaan maastaan paenneiden puoleen.
Sillä vaikka heidän hennot runkonsa eivät lihallisuuden iloista nauti,
voi veret edelleen laskea sivukujien pimeissä haisevissa porttikongeissa.

Kukkana tunkiolla punahattuinen pappi.
Sinisisten ja valkoisten orvokkien kieroon kasvattama hortonomi hakkaa talikolla juuria
ja lipereitä poikki,
hakkaa
katkomasta ja katkolta päästyään,
hakkaa,
perustelee häiriintynyttä aktiotaan   juuri juurilla,
mutta punaiset terälehdet jäävät lakastumatta,
                juuri ja juuri,

eivät lakastu,
vaikka vihan hedelmien epäpyhät siemenet kylvettiin imemään
itseensä värikkäälle puutarhalle tarkoitetut ravinteet.

Vaikka runkonsa piikit suojelivat terävämmiltään
oli varsi vaarassa katketa
vieraslajien pelon kontaminoiman vesurin niittäessä tietään
uhkauksien banderollit auranaan.

Välillä et voinut muuta kuin kadota.
Mutta emigranttina jätit sipulisi maan uumeniin odottamaan.

Kevättä. Valoa,

aikaa, jolloin rakkauden kaksoiskäskyn lämpö saa *hallayöt* katoamaan, roudan valkaiseman
Maan sulamaan.

Kevät on leikkausten aikaa.
Leikataan orapihlaja-aitaa, nivustyriä, ensinurmia, pahalaatuisia tuumoreita.
Leikataan
koulutuksesta,
päivähoidosta,
(sanan)vapaudesta.
Leikataan,
jotta kesällä
voitaisiin unohtaa.

Mutta räntäsade juhannuksena
ei unohda.
Sää kuin morsian,
eikä morsian unohda.

Ei unohda petettyjä lupauksia, ei syöpää,
joka mustana epätietoisuutena kasvaa
yhteisesti jaetun tietoisuuden tuolla puolen
(feat. Nietzsche).

Niin emme mekään unohda.
Emme kuvissa pitämiänne iskulauseita, emme yöllisiä sähköpostejanne.
Emme yritystänne teljetä vahtikoirianne itsemäärittelemäänne karsinaan.
Ja kevät on leikkausten aikaa.
Koska kesä.

      työtä vailla olevat,
      turvaa hakevat,
      rakkauden lihallisuutta vailla olevat,
      lapsiaan päivähoidosta hakevat,
      hoitajaa vailla olevat,
      hautapaikkaa hakevat,
      kaikki
ympärileikattuina,
kuin ovaalinmuotoinen pihamaa vastuuministerin kesäasunnolla
jossa robottileikkuri vailla omaatuntoa esittää
kenraaliharjoituksessa inhimillistetyn Paso doblensa.
Ja pienet pojat, joilla on vielä puhdas sielu ja kireät esinahat,
antavat sille hassun nimen.
Tekevät siitä ystävänsä.
Ja vastuuministeri hymyilee.

Syksyllä laaditaan talousarvioita, tulevaisuusselontekoja ja mitä niitä nyt onkaan.
Lobbarit tanssittavat virkamiehiä, poliitikkoja ja mitä niitä nyt onkaan;
eikä ruokia, juomia ja vauhdin hurmaa puutu.
Käännökset ovat nopeita ja saavat pään pyörälle.
Tulevaisuusselontekoon kirjataan,
kuinka robotisaation avulla
talousarvioon allokoidaan iäkkäälle transsukupuoliselle turvapaikanhakijalle
veloitukseton tukijärjestelmien ympärileikkaus
ja mahdollisuus palkattomaan, toistaiseksi voimassa olevaan työkokeiluun.

Teksinkäsittelyohjelman oikolukuautomaatti ei tunne robotisaatiota.

Rinkejä, salakameroita, oikeustoimiuhkailuja, käräjäpäätöksiä, valkaistuja imagoja, wannabetähtiä, kilpailuohjelmia, kansansuosikkeja, varaventtiilejä, kaksimielisiä virkamiehiä, lipeviä massipäälliköitä, kyynelehtijöitä, marttyyreja, ajatuspoliiseja, kaksirattaisia, vaihtoehtokirjoittelijoita, splainaajia, sukupuolipanelisteja, kognitiivisia dissonansseja, meemejä, muumeja, saunantakuisia, kouluja ja elämän kouluja, kolhuja ja elämän kolhuja, rais------, rasis-----,

Sukupuoleton.
Sukupuolet on.
Suku. Puolet
on asemoitu,
inttämään biologiasta, perinteestä, normeista, lajityyppiluokitteluista,
yhteiskuntarakenteista ja siitä,
että jotakin nyt vaan on oltava
että ei voi olla sitätätäjatuota
että nuoruudenhaihattelu
että kiusallasivalitsitolemaanvalitsematta
että

Selitä nyt sitten näille kvanttiteoriaa.
Että nolla ja ykkönen voivat olla samaan aikaan.

Iskä on kirjainrampa äiskä
huoltajuusriidoissa niissä,
joissa rampaa lain kirjainta tulkitaan,
asetetaan toinen toista vastaan asetetaan
asetuksin, asiantuntijalausunnoin ja todistustaakoin.
Asetetaan ase ohimolle ja pyydetään allekirjoittamaan
sitoumukset,
joiden sisältöön ei voi vaikuttaa.

Mutta lapsi huutaa: *äiskäälskäÄiskä*,
huutaa molempia vanhempiaan,
huutaa ja huutaa.
Jakojäännöksettä.

Sillä vaikka äiskä on jakojäännöksetön iskä,
ei pyöristys nollasummapelissä taitu vain toisen eduksi lapselle,
jonka matemaattiseen maailmaan ei mahdu yhtälö, jossa ainoastaan yksi osapuoli voittaa.
Eikä lapselta kysytä. Tai kysytään, muttei Kysytä.
Sillä vastaus on kirjoitettu jo niihin aikakirjoihin,
joissa pian eläköityvä neuvolantäti muisti katsoa ohitsesi,
kun olitte puolisosi kanssa
maailmankaikkeuden täyttämän rakkauden tuhinalta tuoksuva käärö mukananne
ensikäynnillä.

Sillä vaikka ajat hiovat portaiden kulmat ja kaikki osallistuvat kaikkeen,
on asioita, joista ei saa puhua. Ei saa, sillä niistä tulee hiljetä (feat. Wittgenstein).
Sillä isät hiljenevät seurakunnissa

So?

Syksy.
Lukijan kuva heijastus vastapäisen huoneiston ikkunassa.
Maahan pudonneen kellastuneen lehden sivuhuomautuksena nekrologi.

Otimme kuvia kameralla, jonka muistia ei koskaan tyhjennetä,
jottei tulevaisuus menisi rikki, eikä heijastus katoaisi valon taittuessa,
kun tunnit, olemus ja vaatetus vaihtuvat, kuluvat ja katoavat muistista.

Aallonpituuksien matka lasipinnalta kennolle on fysikaalinen lupaus harhasta,
henkilökuvan selviämiskertomus narratiivinen.

Katselin ikkunastani salaa sisälle huoneistoosi. Silmäilit tuolissasi aikakauslehteä,
lukijan kuvaa, risteilylahjakortilla palkittua. Voimaannuit.
Kuvan naiivi riemu, tai kertomus urheilijanuorukaisen voittamasta syöpätaistelusta.
Mikäpä ei saisi voimaantumaan?
Kuulit asiasta työpaikan tiimivalmennuksessa. Halusit lisää.
Työväenopiston mindfulness-kurssit, elämänhallintaoppaat, luontaistuotteet, värityskirjat.
Aiemmin et tosin tuntenut koko sanaa. Käsitettä. Voimaantuminen.
Ei tosin tuntenut kukaan muukaan. Halusit lisää. Luulit voimaantumista palomuuriksi,
valokuvia tietovarastoksi. Ikään kuin kaiken voisi estää, tai valita.

Enää sillä ei tosin ole väliä. Et muistaisi kuitenkaan.
Synapsien matka on harha, jos harmaata ei ole.

Talvi. Nekrologi.

Lapsella kädessään katkaistu haulikko,
paperista tehty,
riemunkiljahduksia,
sotapsykologi Sinko-sen popularisoimina
kasvukertomuksellisia.
Lapsen päässä ananas,
sotaa edeltänyt vuosikymmen,
etäinen muistikuva nuorisojärjestön pelon muotokielestä.

Nietzschen mukaan totuutta ei voi tavoittaa kielen käsitteiden kautta.
Lapsuutta ei voi tavoittaa,
ei kiintymysvanhemmuuden, kansakoulukurin, tai kamaripsykologisoinnin kautta.
Sillä on oma entropiansa, kohinan järjestelmä,
johon ylikasvaneiden todennäköisyyslaskelmat malleineen eivät pääse tunkeutumaan.

Yksi muotoilee paperiprototyypistään vaskipuhaltimen, toinen megafonin,
kolmas harjoittelee sen asettamista suulleen alkuperäismerkityksessään.

Oletettuja todellisuuksia,
mahdollisia maailmoja,
tilastotieteellisiä potentiaaleja,
ympäristö- ja geenitekijöiden yhteisvaikutuksia,
kaikkea, eikä mitään.
Viattomuuden ajan rulettipöydässä musta ja punainen ovat tasavahvoja.
            Toisinaan pankki voittaa.

Transhumanisti tallensi itsereflektionsa tulokset elämänhallintarekisteriin,
kryptasi epävarmuuden,
kuolemanpelon, rodunjalostuksen ja narsismin,
tuli läpinäkyväksi itsensäkehittämisen, yhteisen hyvinvoinnin ja paremman elämänlaadun
one-linereilla,
kuoli ja syväjäädytettiin.
Nousi kolmantena päivänä,
oli yksinäinen, trīstis.

Matemaatikon itserakkaus päättyi omnipotenssin laskuun,
            eikä luvun kertominen
                        loputtomasti itsellään tehnyt
                        kertomuksesta
                                    itsestään
            parempaa.

Uutta lukua ei enää tarjottu, jäljellä jäivät vain kauniit sävelmät ja matalat taajuudet.

Trumpetisti tulkitsee edesmennyttä isäänsä, joka ei osannut nimetä,
ei kappaleitaan, eikä ongelmiaan.
Avuksi tarvittiin Nomen Klatuura, Harmaa eminenssi.

Lentonäytös.

Rokkitähti kirjoitti massiivisen romaanin ja antoi sille nimeksi symbolin,
jota kukaan ei tohdi lausua, vaikka tietävät täsmälleen
mitä sanoa,
kysyttäessä.
Sopimus on sellainen,
eikä illuusiota ole tehty rikottavaksi, ei suurta illusionia, ei virttä, ei siionia.

Ja kun uuden aikakauden romantikko väsyy
vastaamaan kysymyksiin päihtymyksensä fenomenologiasta
kääntyy hän vanhurskaiden puoleen,

selittää olevansa kaiken ja kaikkien ulkopuolella,
työskentelevänsä valtavien tietovirtojen vietävänä, datamassojen painon alla,
leikkivänsä hetken kurinalaisempaa,
ikään kuin olisi aiemmin jotain muuta tehnyt.

Ja on kaiketi oikeassa.

Yläjuoksuun uivien sisäsiittoisessa harmoniassa Sopimuksesta pidetään silti kiinni,

jotta hahmo ja tarina, pessi ja illusioni möisivät, jotta TAIDE kokisi mukakontemplatiivisen
lunastuksensa, jotta kollageenien kaupparatsut saisivat kuvankäsitellyt mallinsa
painotuotteiden parhaille paikoille.

Rokkitähti sammuttaa yössä tuikkeensa ja katselee tätä kaikkea etäältä, hämärässä
hämmennyksen vallassa,
O:n muotoisen ullakkoikkunansa karmien lomitse.

Näköispainoksettomuuden paino.
Kone.
Jonka avulla alakoululaiset tekevä kolmiloikan.
Ovat kuulemma natiiveiksi koodattuja, aivan
kuin jokin jungilainen arkkityyppi olisi syöttänyt tabletin vielä syntymättömälle.
Media murtuu omaan murrokseensa,
kuten säännöllisesti muutaman vuosikymmenen välein,
ja jokainen ajan henkeä astmapiipustaan aistiva perustelee mielestään parhaiten
digitaalisten päiväunien painajaismaisen eroottisuuden.

Kun lintu lentäessään kuolee vanhuuttaan sydänkohtaukseen,
putoaako se sisälle lastenvaunuihin,
tai hauraan ikäihmisen päähän?
Onko lintu iso tai pieni?
Ja onko sillä väliä?
Saako likaisiin sulkiin koskea?
Koskeeko gravitaatiolain maaliksi joutuminen herkkään vartaloon?
Selviääkö pelkällä kivulla, joutuuko poliklinikalle, suruliputetaanko?
Varpunen jouluyönä on runollinen.
Kuin Edgar Allan's poems.

On mulla ilmanraikastin, hyttyskarkotin, parvekkeenlämmitin. On.
Ja Gösta Sundqvistin levyt.
Koska levynsä se jätti tänne. Päälle.
Kuumiksi.
Kuin omaisuutensa lämpöön kääriytyneen omaishoitajan. Omaisuudenhoitajan.
Sen,
jonka viidensadan euron korotuksesta suivaannuttiin.
Ne, jotka
halusivat naisen euron takaisin hellan ääreen.
Kuuntelemaan levyjä,
keittovesien kohinaa.
Ilman ilmanraikastinta.
Sillä maanteiden kuningas on se, joka vauhdikkaimmin ajaa lapsensa ylitse
suojatiellä
ja jonka hartioita varten perustetaan pankki,
jonka rakentamiseen kaikki saavat osallistua. Sillä mies,
mies on
sopivasti lihava,
eikä omahyväisyyttään, omavaraisuuttaan jaksa
enää levyttää.
Paitsi kotisohvallaan.

Orwell muistetaan mainita aina,
kun naapuri kyttää
olenko muistanut leikata nurmen,
tai kuka se nainen oli, se jonka kanssa juttelin kuiskutellen, olkapäätään kosketin,
tai oliko se mies.

Mutta kysymys kuuluu:

Oliko Orwellilla isoveli?
Valvoiko hän?
Ja jos valvoi, oliko aamuisin väsynyt?
Kärsikö unettomuudesta,
aamuyön ajatusten kehästä rakon tyhjennyksen jälkeen?
Söikö nukahtamislääkkeitä, vai pärjäsikö melatoniinimaidolla?

Näitä tiedustelen.

Runoudessa asioita käsitellään niin kuin ne olisivat,
ei kuten ne ovat,
tai kuten ne voisivat olla,

tavoitetaan keskiharmaan kaikki sävyt, tehdään kehäpäätelmästä tarina,
ratkaisemattomasta paradoksista aksiooma, sotketaan koherentisti keskenään yhteen
sopimattomat käsitteet.

Ainut absoluutti on absoluutti itse,
eikä sekään. Mikään.

Perun kirjoituksen
muistokirjoituksen
perunkirjoituksen
kirjoituksen Peruun
Muiston

jonka Pysyvyys
vain ikoninen
alaviite

Käy kieltäminen, Käy
Kylässä
Ei käy kieltäminen

Ja Maailma
Kylässä
jota en muista
sillä se ei pysy
Kylä,
vain L-kirjaimella vähennetty
Myöntyminen
Historiaan
Struktuuriin
Muistoon

Perun.
Vasta unohtaessaan voi Muistaa.

Jouluna,
kun liekit loistavat lasten suista ja maailma
palaa,
minä jään,
sillä jään sisällä
on ikuinen rauha.
Sen asemana on olla asema Pasilassa sen asemesta,
ase-mesta?
Rauhan Asema,
Pasilassa?
Pasilin asema. Pasil-assa.

Keskuspuistosta kauris astelee laakson läpi kääntöpiirilleen ja
betonierämaan liepeillä vauhti vaihtaa verkkaisesti omistajaa.

TöölönLahti,
Tset-juna,
                Kake Swingers ja ompelukonekorjaamon polymamoriset pariskunnat.

Betonierämaan liepeillä lumi sulaa hiljaa suoniin ja lämmittää,

minä jään
sisällä.

Sisälle,
kun joulu on,
kun joulu.

Tammi halkesi haarastaan kahtia,
kiir-a-sta kiila.
Näillä tienoin ei moista tuhoa ole ennen koettu.

Etäällä raivaussaha vaikeroi lohdutonta kaihoaan.

Taivas repesi, maa repesi pelti
repesi
suu...

Näillä kukkuloilla ei enää pilkata jumalia, ei holmbergeiden, ei lapualaisten, ei loirien, ei revareiden voimin.

Meille näytettiin kaukainen viite siitä,
mitä matalamoraalisten ruumiidemme kohtaloksi on aiottu,
eikä kolmikymmenvuotinen maastapako,
tai lukuisensa Sota
ole kuin hiljaa virtaava puro
siitä vihasta,
jota kaupallisessa yhteistyössä nimitetään
rakkaudeksi.
Elokuussa, 12.

Kirjoittamaan oppii kirjoittamalla, soittamaan soittamalla ja kuolemaan elämällä.

Se mitä jätit tekemättä ei pelota sinua itsensä vuoksi,
vaan siksi, että kun kivut viimein saapuvat,
tajuat ne ainoaksi tekemäksesi heittäytymiseksi.

Ne, joiden tuhkatut luut lentävät aurinkokunnan ulkokehälle,
tai kulkevat pienten tunturipurojen vietävinä,

ne, jotka uskaltavat rakastaa,
ne, jotka käyvät merta,
ne, jotka ajavat läpi pommitusten,
ne, jotka keinuttavat lapsiaan.

Unissa ovat käyneet neuvottelunsa, tehneet sopimuksen Bergmanin
mustavalkokuvajaisten kanssa.

Toiset kauppaavat vettä, toiset hiekkaa,
minä tuijotan sotalaivoja matkalla arktisille aluevesille,
aurinko polttaa hiljalleen reikää kattopeltiin,
eikä kukaan enää nuku keuhkojen rahinassa.

Haluaisin sanoa, että pelkään, mutta
reunan yli työntynyt siirtolohkare on jo matkalla alas.

Hiki haisee. Biojätepussi haisee. Raha haisee. Juttu haisee.
Itsestä selvyys,
itsestäänselvyys
haisee.

Hai, see sea (rider)
and the Blood on the Water.

Minä innostun
milloin mistäkin kenestäkin, menen milloin mitäkin kutakin kohti.

Dissonanssista viis, kunhan kiima kuljettaa kohti
kulloin kutakin, milloin minnekin, mitäkin.

blood ON THE water ja se kuuluisa riffi, jonka mimesis on itsessään mimeettinen,

se haisee
haisee,
kuten ryntäilyni

sinnekin tännekin.

Parfyrmöörin kemiallinen matka kohti singulariteettia käydään toisissa kertomuksissa.

-A-

nipacEmos

(futuro: kolme vaihtoehtoista luonnosta)

I

Järjestelmä,
jonka käytöstä
emme tiedä,
jonka käytöstä
emme siedä,
näkee itsestään
itse itsensä
itseoppivana.

Tuhat vuotta myöhemmin:
Homo Autonomicus, käyttöjärjestelmä. Divine Machina.
Pseudolingvistinen virhe.
Aika, jossa keskustelu kielen ja vallan suhteesta on julistettu keisarin määräyksestä
tarpeettomaksi.

Sapiens seisoo säpitettynä, seuranaan neuroverkkonsa virittänyt hämähäkki.

II

Vain
			ilmast
					on
							muutos.

III

Enfant
            Petit
                    Espoir

Suljetut silmät,
ilmavirta matkaa sierainten salaisia käytäviä,
tulee, tuulee
huulten lomasta.

Minä hiljennyn.
Me hiljenemme.

Te puhutte nyt,
puhutte hiljaisin viisain sanoin.

            Tuuli kietoo syleilyynsä,
            kietoo tuhlaajat, toivot, tuhlaamattomat, toivottomat ja sydämen
sivistyksen.
            Kietoo,
            muuttuu voimaksi   joka ei tuhoa.

Sähkö
ajattelun virtaa.